La Loi sur les Loyers

EXPLIQUÉE ET COMMENTÉE

Texte intégral de la Loi du 31 Mars 1922
suivi de nombreux Exemples.

PRIX : **UN franc**

Edité par le Journal " LE PETIT HAVRE "

BUREAUX : 112, Boulevard de Strasbourg.
ADMINISTRATION ET RÉDACTION : 35, Rue Fontenelle.

Avril 1922

La Loi sur les Loyers

EXPLIQUÉE ET COMMENTÉE

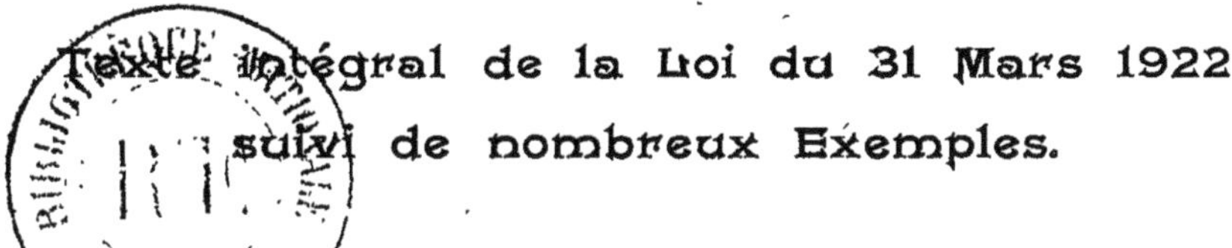

Texte intégral de la Loi du 31 Mars 1922
suivi de nombreux Exemples.

PRIX : **UN franc**

Edité par le Journal " LE PETIT HAVRE "

BUREAUX : 112, Boulevard de Strasbourg.

ADMINISTRATION ET RÉDACTION : 35, Rue Fontenelle.

Avril 1922

(Tous droits réservés)

LA LOI SUR LES LOYERS

expliquée et commentée

Texte integral de la Loi du 31 Mars 1922
suivi de nombreux Exemples

PROROGATIONS

Trois sortes :

2 ans pour tout locataire d'avant-guerre ;
Durée de la mobilisation pour les mobilisés à petit loyer ;
5 ans et 84 jours pour tout commerçant ou acheteur de fonds de commerce.

Point de départ :

Date de la notification du locataire ;
Date du congé ou fin de bail.

La prorogation n'est pas opposable à partir du 31 décembre 1922 :

Au propriétaire mutilé, réformé ;
»   veuve de guerre ;
»   ascendant ayant des orphelins de guerre.

Pour toute nouvelle prorogation jusqu'en 1925 :

Au propriétaire voulant habiter sa maison, sauf aux locataires énumérés à l'article 13.

** **

AUGMENTATION DES LOYERS

Augmentations d'impôts, taxes et 5 o|o sur le taux du loyer pour les prorogations en cours :

Sauf : 1° Pour les locataires déjà augmentés ;
      2° Les mobilisés dans la zone des armées ;
      3° Les réfugiés.

Augmentation des charges, améliorations et valeur réelle des locaux :

Pour tous les locataires demandant de nouveaux délais.

TITRE PREMIER

Le Titre Ier règle la situation des locataires bénéficiant des dispositions des lois du 9 Mars 1918 et du 23 Octobre 1919.

Les dispositions nouvelles confirment les prorogations acquises, mais entraînent de nouvelles charges pour les locataires n'ayant pas encore subi d'augmentation.

Le Point de Départ des Prorogations.

ARTICLE PREMIER. — Sauf les droits résultant d'une décision judiciaire ayant acquis l'autorité de la chose jugée ou d'accords intervenues entre les parties, le point de départ de la prorogation accordée aux locataires par l'article 56 de la loi du 9 mars 1918, complété par l'article premier de la loi du 23 octobre 1919, est fixée au 24 octobre 1919 pour les baux expirés antérieurement à cette date et à la date d'expiration du bail pour ceux venus ou venant à expiration postérieurement.

En vertu de l'article 56 de la loi du 9 mars 1918, les prorogations sont :

Pour tout locataire d'avant-guerre...................... 2 ans.
Pour tout mobilisé............... Durée de la mobilisation.
Pour tout commerçant......... 5 ans et 84 jours.

Les locataires à petit loyer ayant été mobilisés après leur location, même postérieure au 4 août 1914, ont droit à une prorogation égale à la durée de leur mobilisation. Les mobilisés sur place, dans les usines du Havre par exemple, n'ont droit qu'à 2 ans.

Exemple relatif au point de départ des prorogations pour les locations à bail :

1° Bail expiré en 1917 : Les deux ans (ou plus) partent du 24 octobre 1919 ;

2° Bail expirant en 1923 : Les deux ans (ou plus) partent de 1923.

Pour les locations verbales, la prorogation a commencé à courir, qu'il y ait eu congé ou non, le premier jour du terme qui a suivi la notification faite par lettre ou par acte extrajudiciaire de la volonté du locataire de profiter des dispositions des lois sus-indiquées. Si la notification a été faite antérieurement au 24 octobre 1919, la prorogation n'a commencé à courir qu'à partir de cette date.

La plupart des locataires ont fait des notifications à leurs propriétaires ou ont reçu congé. Dans les deux cas, les délais sont ainsi calculés :

1er *Exemple*. — Notification faite par un locataire en novembre 1919, alors que son terme d'entrée en jouissance est Pâques :

Les deux ans (ou plus) partent de Pâques 1920.

Si le congé a été donné aux mêmes époques ou après, Pâques marque le point de départ de la prorogation.

2e *Exemple*. — Pour toute notification avant le 24 octobre 1919, c'est cette date qui constitue le point de départ de la prorogation.

3e *Exemple*. — Si jusqu'ici aucune notification n'a été faite et si le congé n'a pas été donné, c'est celui-ci, quand il sera envoyé, qui marquera le point de départ de la pro-rogation. (Décision de la Cour de cassation.)

Toutefois, ladite prorogation ne pourra avoir pour effet de pro-longer le bail ou la location au delà de neuf ans pour les locaux d'habitation ou de quinze pour les locaux commerciaux, indus-triels ou professionnels, à compter du 24 octobre 1919.

Augmentations de loyers pour des locations prorogées.

Les locataires appelés à bénéficier des prorogations prévues par les lois des 9 mars 1918 et 23 octobre 1919, devront, en sus du loyer et à compter du terme qui suivra la promulgation de la loi, contri-buer, chacun pour sa part, et au prorata du prix de son loyer, à l'augmentation qui s'est produite depuis le 1er août 1914, dans les impôts et taxes de toute nature grevant l'immeuble loué, à l'exception de l'impôt sur le revenu de la propriété foncière, et à l'augmentation subie, depuis le 1ᵉʳ août 1914 des prestations payées pour la commodité des locaux.

D'après ce paragraphe, tous les locataires jouissant actuellement d'une prorogation devront payer, à Saint-Jean, une augmentation trimestrielle, ou à fin avril une augmentation mensuelle comprenant :

Impôts.— L'impôt foncier, représente une charge au moins double du taux d'avant-guerre et environ la moitié du revenu net actuel de l'immeuble. Le calcul de ces majorations s'obtient en comparant les rôles des contributions qui sont entre les mains des propriétaires et en faisant pour le moment la différence entre les sommes payées en 1914 et celle de 1921.

Les portes et fenêtres sont très élevées :

Une porte cochère paye...................... F. 67 15
Les ouvertures du rez-de-chaussée et du
    premier étage............................... » 6 429
Les ouvertures du 3ᵉ et au-dessus........ » 2 70

Autrefois ces taxes étaient respectivement 40 francs, 3 fr. 80 et 1 fr. 60.

Les portes et fenêtres sont des impôts locatifs. Si le propriétaire ne les a jamais réclamés, il ne peut demander que la différence.

Taxes.— La taxe qu'il est possible de recouvrer sur les locataires est la taxe du tout-à-l'égout. Elle est de 5 0/0 du revenu net de l'immeuble.

Ces impôts et taxes sont susceptibles d'être répartis entre les locataires au prorata de leur loyer.

*Exemple d'augmentation d'impôt à reverser
sur les locations.*

Les augmentations d'impôts, si on compare les rôles d'avant-guerre, sont à peu près les suivantes :

Rôle mentionnant un immeuble donnant un revenu net de 2.000 francs :

Avant-guerre, les chiffres étaient :

Foncier..................	F. 265 environ	
Portes et fenêtres........	» 218 »	
		F. 473

En 1921, les chiffres étaient :

Foncier..................	F. 770 environ	
Portes et fenêtres........	» 350 »	
		» 1.120
	Soit une différence de...........	F. 647

à reverser sur les locations.

(Ces chiffres sont approximatifs ; chacun doit les établir en consultant les Rôles des Contributions.)

Les locataires devront, en outre, pour contribuer dans les mêmes conditions à l'augmentation subie par les dépenses d'entretien, payer 5 0/0 du prix du loyer tel qu'il était en 1914.

De ce fait, un loyer de 200 francs avant-guerre, sera porté, à partir de maintenant, à 210 francs.

Locataires prorogés exempts d'augmentation.

Ne supporteront pas cette double augmentation :

1° Les locataires dont le loyer a été augmenté en vertu d'une convention postérieure au 1ᵉʳ août 1914 ;

2° Les locataires qui bénéficient de la prorogation au titre de mobilisés et qui l'ont été dans la zone des armées ;

3° Les réfugiés des régions libérées, lorsqu'ils sont petits locataires, aux termes de l'article 15 de la loi du 9 mars 1918, et qu'à raison de la destruction de leur domicile d'avant-guerre, ils ne peuvent pas se réinstaller dans les régions dévastées par la guerre.

Dans tous les cas, la durée de ces prorogations sera prolongée d'un délai suffisant pour achever le terme d'usage.

Pour la première catégorie, tout locataire qui a accepté une augmentation n'a donc plus à participer aux majorations d'impôts, de taxes, et aux 5 0/0.

Les locataires de la deuxième catégorie ont à justifier leur situation par la production de leur livret militaire.

Les bénéficiaires de la troisième catégorie doivent produire des pièces certifiant (article 15) qu'ils étaient dans la catégorie des petits loyers.

Exemple. — Ces petits loyers sont, dans les communes de 20.001 à 100.000 habitants, les logements d'un loyer inférieur ou égal à 250 francs, si le locataire est célibataire ; à 350 francs, s'il est marié. Au Havre même, le taux est de 400 francs pour le locataire marié.

Il est de plus fait une majoration de 75 francs par enfant jusqu'à 100,000 habitants. Au Havre, la majoration est de 100 francs par enfant.

Ceux qui sous-louent doivent payer pour le bénéfice réalisé.

A dater de la promulgation de la présente loi, tout locataire qui, appelé au bénéfice d'une prorogation, a sous-loué ou sous-louera avec bénéfices sans accord préalable avec le propriétaire, devra supporter, pour le temps correspondant à la durée de cette sous-location, une augmentation du prix du loyer originaire, proportionnée aux bénéfices réalisés.

Tous les locataires qui font de la sous-location, soit autorisée, soit tolérée, sont donc redevable d'une partie du bénéfice réalisé, défalcation faite des frais d'entretien.

Les locataires en location verbale ont le droit de sous-louer s'ils n'ont pas pris d'engagement contraire.

Propriétaire privé de sa Maison.

Aucune prorogation n'est opposable par un locataire qui n'a pas été mobilisé, à un propriétaire qui, l'ayant été, voudra réintégrer l'immeuble qu'il habitait avant la guerre ou dans lequel il exerçait sa profession.

Tous les locataires qui se maintenaient dans les lieux en vertu des prorogations découlant de la loi du 9 mars 1918, se verront donc déposséder de l'immeuble, si leur propriétaire est dans ce cas.

LE DROIT DES COMMERÇANTS

La Prorogation des Commerçants ou de leurs Successeurs.

ARTICLE 2. — Pour les locaux à usage commercial, industriel ou professionnel, les articles 56 et 58 de la loi du 9 mars 1918, ainsi que l'article premier, paragraphe 3, de la présente loi, sont applicables aux cessionnaires ou sous-locataires, quelle que soit la date de la cession ou de la sous-location.

Les articles 56 et 58 (loi du 9 mars 1918) portent :

ARTICLE 56. — Les baux et locations verbales en cours au 1ᵉʳ août 1914 seront prorogés à la demande du locataire, aux conditions fixées au bail, et à compter du décret fixant la cessation des hostilités, savoir :

1° Ceux afférents à des locaux à usage commercial, industriel ou professionnel d'une durée égale au temps écoulé entre le décret de mobilisation et le décret fixant la cessation des hostilités, etc.

(Cette durée est de 5 ans et 84 jours.)

L'ARTICLE 58 (loi du 9 mars 1918) indique que le commerçant ou industriel doit faire connaître sa volonté trois mois avant l'expiration de son bail.

En cas de location verbale, il a, maintenant, à aviser son propriétaire dans les trois mois, s'il n'a rien fait jusqu'ici.

Cette disposition nouvelle a pour but principal de donner le droit de prorogation à tous les acheteurs de fonds de commerce, droit qu'ils n'avaient pas jusqu'ici.

Cette disposition ayant un caractère interprétatif, les cessionnaires ou sous-locataires seront recevables à réclamer la prorogation, nonobstant toute décision contraire, même passée en force de chose jugée, à l'exception seulement des décisions qui auraient été exécutées et à la condition de formuler leur réclamation dans les formes prévues par la présente loi et au plus tard dans les trois mois de sa promulgation.

Ce qu'on entend par local professionnel.

ARTICLE 3. — Sont réputés locaux à usage professionnel, au sens de l'article 56 de la loi du 9 mars 1918, les locaux dans lesquels les locataires exercent effectivement leur art ou leur profession...

Et ceux-ci seront admis à réclamer la prorogation, nonobstant toute décision contraire, même passée en force de chose jugée, à l'exception seulement des décisions qui auraient été exécutées et à la condition de formuler leur réclamation conformément à l'article qui précède.

Il en est de même pour les locaux occupés par des établissements d'utilité publique et des œuvres de bienfaisance, d'assistance et de prévoyance sociales.

Le législateur a étendu le nombre des bénéficiaires (couturiers, artistes, professeurs, etc.).

Le Droit de certains Bailleurs.

ARTICLE 4. — Les prorogations prévues à l'article 56 de la loi du 9 mars 1918 cesseront d'être opposables, à partir du 31 décembre 1922, aux bailleurs mutilés ou réformés de guerre, aux veuves de guerre, aux ascendants ayant recueilli la veuve ou les enfants de militaires ou de marins morts pour la France, aux bénéficiaires des lois du 31 mars 1919 et du 24 juin 1919, aux sinistrés dont l'habitation a été détruite ou rendue inhabitable par fait ou accident de guerre, à moins cependant que le locataire ne rentre dans une des catégories ci-dessus visées.

D'après cette disposition, tout bénéficiaire d'une prorogation antérieure perd son droit s'il se trouve en face d'un bailleur entrant dans les catégories ci-dessus. Ainsi un mobilisé ne peut être maintenu en possession des lieux loués s'ils sont réclamés par une propriétaire veuve de guerre non remariée.

Il y a cependant une réserve : elle concerne le délai imparti au propriétaire pour réclamer son logement. L'article 4 précise un délai de deux mois, c'est-à-dire jusqu'à fin mai.

Les bailleurs susdésignés, à peine de forclusion, devront faire connaître dans le délai de deux mois, à partir de la promulgation de la présente loi, leur volonté de reprendre les locaux loués pour leur habitation personnelle. La notification aura lieu par acte extra-judiciaire, conformément à l'article 58 de la loi du 9 mars 1919.

Nouveau Délai pour réclamer l'Indemnité de 50 0/0.

ARTICLE 5. — Les bailleurs dont le droit à indemnité de 50 0/0 pour pertes de loyers a été consacré par l'article 29 de la loi du

9 mars 1918 et qui ont été déclarés forclos, à raison de retard dans la production de leur demande d'indemnité, sont admis à présenter une nouvelle demande dans un délai d'un an, à dater de la promulgation de la présente loi.

Cet article ne concerne que les propriétaires qui n'ont pas réclamé leurs indemnités pour pertes de loyer non payés ou l'ont fait trop tard. Il ouvre de nouveaux délais pour déposer le dossier des locataires en Justice de Paix et saisir la direction départementale du Domaine et du Timbre à Rouen. Les propriétaires auxquels des loyers de guerre restent dus ont donc intérêt à faire statuer sur l'exonération de leurs locataires d'avant 1919 et en retard de paiement pour réclamer les 50 0/0 des loyers dont le locataire aura été déchargé.

Les dossiers après jugement sont ensuite à envoyer à la Direction des Domaines. Ils doivent comprendre :

1° La copie du jugement ;
2° La copie de location verbale, ou extrait de bail ;
3° Le certificat de non-imposition sur le revenu ;
4° Une lettre d'envoi demandant le bénéfice de l'article 29 de la loi du 9 mars 1918.

Le Déménagement des Administrations publiques.

ARTICLE 6. — Les Ministères et Administrations publiques dépendant de l'Etat, autres que les services des finances, des postes et des télégraphes, des pensions et des régions libérées, devront avoir abandonné, avant le 1er juillet 1922, les locaux privés à usage d'habitation qu'ils ont occupés postérieurement au 1er août 1914.

TITRE DEUXIÈME

Le Titre II règle la situation de tous les locataires ne bénéficiant d'aucune protection, quelle que soit la date de leur location.

Les articles qui suivent visent en particulier les locataires mobilisés n'ayant qu'une prorogation de deux ans, les locataires ordinaires ayant épuisé la prorogation résultant de la loi du 9 mars 1918 et les locataires ayant contracté leur engagement depuis août 1914.

Nouveaux délais pour les Locations expirant.

ARTICLE 7. — Tous les locataires pouvant invoquer le bénéfice du Titre II de la présente loi seront maintenus de plein droit, jusqu'au terme d'usage qui précédera le 1ᵉʳ janvier 1923, en possession des locaux par eux occupés, aux conditions de la loi du 6 janvier 1922.

La loi du 6 janvier 1922 tendait à suspendre toute expulsion.

On entend par terme d'usage, le terme d'entrée en jouissance.

En outre, à titre exceptionnel, à raison de la pénurie des logements et en l'absence de conventions contraires intervenues postérieurement au 28 octobre 1919, dans le département de la Seine et dans un rayon de 50 kilomètres des fortifications de Paris, dans les communes d'une population totale d'au moins 10.000 habitants, et dans les agglomérations distantes de 5 kilomètres de ces communes, dans celles où le recensement de 1921 accuse soit un accroissement de la population municipale, soit un accroissement du nombre des foyers, et, dans les régions libérées, qu'elle que soit l'importance de la population, *il pourra être accordé une prorogation de jouissance à tous les locataires, cessionnaires et sous-locataires dont les baux et locations sont venus ou viendront à expiration avant le 1ᵉʳ janvier 1925.*

Cette disposition permet aux locataires et même aux sous-locataires visés de demander des prorogations successives eu raison de la crise du logement, le Havre et les communes suburbaines entrant dans la catégorie des agglomérations mentionnées.

Cette prorogation pourra être accordée dans toute la France aux réfugiés des départements dévastés qui justifieront que les immeubles de leur commune d'origine sont encore détruits ou, s'ils sont propriétaires, que leur immeuble d'habitation n'est pas encore reconstruit.

Les Cautions sont dégagées pendant la Prorogation.

En aucun cas, les prorogations accordées aux locataires, cessionnaires, sous-locataires, ne pourront être opposées aux cautions dont les obligations prendront fin aux dates fixées primitivement par la convention.

Les répondants des loyers ne sont donc plus obligés pendant les nouvelles prorogations acquises en vertu de l'article 7.

Durée des Prorogations.

ARTICLE 8. — La durée de la prorogation prévue au paragraphe 2 de l'article 7, qui ne devra être *ni inférieure à trois mois ni dépasser le 1ᵉʳ janvier 1925,* sera fixée suivant la condition respective des parties, l'état des locaux vacants dans la région et toutes les circonstances de la cause, l'expiration devant toujours coïncider avec un terme d'usage.

En cas de désaccord, le juge de paix fixe la durée de cette prorogation.

Ceux qui n'ont pas droit aux Prorogations
jusqu'en 1925.

ARTICLE 9. — N'ont pas droit au bénéfice des prorogations de l'article 7 :

1° Les étrangers n'ayant pas combattu ni servi, ou dont les enfants ou gendres n'auront pas combattu ou servi dans les diverses formations des armées françaises, alliées ou associées ;

2° Les locataires, sous-locataires et cessionnaires de locaux de plaisance ;

3° Les locataires, cessionnaires et sous-locataires ayant plusieurs habitations, *à moins qu'ils ne justifient que leur fonction ou leur profession les y oblige, ou que les locaux d'habitation loués*

par eux en sus de leur habitation personnelle sont occupés par
leurs ascendants ou descendants ou ceux de leur conjoint;

4° Les occupants de locaux d'habitation pour lesquels le logement constitue un des accessoires du contrat de louage de services.

Cet article limitatif ouvre cependant la voie du recours aux locataires qui peuvent faire jouer le paragraphe 3.

Les Augmentations à payer pendant les Prorogations nouvelles.

Article 10 — Pour être admis au bénéfice des prorogations de
l'article 7, les locataires cessionnaires et sous-locataires devront :

1° Avoir satisfait à toutes les obligations imposées par leurs
contrats, les usages locaux ou les décisions judiciaires intervenues;

Cette disposition entraîne, pour les locations verbales
surtout, le respect des usages locaux : habiter bourgeoi-
sement, par exemple, un local loué à cet effet, etc.

2° Occuper et s'engager à occuper, dans la plus grande partie,
par eux-mêmes ou par les membres de leur famille l'occupant
antérieurement avec eux, l'immeuble objet de la prorogation ;

D'après ce paragraphe, la sous-location partielle reste
permise, même en cas de prorogation.

3° S'engager à payer, et payer pendant toute la durée de la
prorogation, une majoration du prix du loyer en rapport avec
l'augmentation des charges, les améliorations et la valeur réelle
des locaux.

Ce 3e paragraphe est le plus important. Il indique
quelles seront les augmentations possibles pour les locataires n'ayant pas de bail. Ces augmentations peuvent
être basées sur tous les accroissements de charges grevant
l'immeuble, les travaux effectués, et la valeur réelle des
locaux à l'heure actuelle. Il est impossible de chiffrer ces
augmentations. Donnons cependant un exemple, pure-
ment à titre d'indication.

Supposons un immeuble grevé avant-guerre de 100 francs de charges.

A l'heure présente, ces charges sont passées à 300 francs. Par ailleurs 100 francs de travaux ont été effectués et la valeur réelle des locaux est estimée à 500 francs. Le total général sera donc :

$$
\begin{array}{l}
\text{Charges } 300 - 100 = \ldots\ldots \text{ F. } 200 \\
\text{Améliorations} = \ldots\ldots\ldots \text{ » } 100 \\
\text{Valeur réelle des locaux} = \text{ » } 500 \\
\hline
\text{F. } 800
\end{array}
$$

Cette somme de 800 francs est ensuite à répartir entre les locataires au prorata des loyers.

La loi n'ayant fixé aucun taux, il naîtra de nombreuses contestations. Elles sont du reste prévues:

Le juge pourra refuser la majoration, s'il estime que, pour les locations récentes, elle n'est pas justifiée.

Dans le cas où le preneur n'exécuterait pas, en cours de prorogation, l'une des conditions énoncées ci-dessus, il sera déchu du bénéfice de la prorogation et sera dès lors régi par le droit commun.

Le loyer des locaux reconnus insalubres ne pourra être l'objet d'aucune augmentation.

L'insalubrité des locaux sera établie :—

a) Dans les villes de plus de 20,000 habitants, par le bureau d'hygiène prévu par la loi du 15 février 1902;

b) Dans les autres communes, par les commissions sanitaires de circonscription.

La liste de ces locaux sera consignée sur un registre déposé à la mairie.

Ces décisions seront susceptibles d'appel devant les conseils de préfecture qui pourront ordonner une expertise.

Les Privilèges du Propriétaire contre le Locataire qui ne paie pas.

Article 11. — L'assiette du privilège ou des droits-actions du bailleur pourra être limitée par les parties à une portion déterminée et suffisante du mobilier garnissant les locaux loués et servant de gage spécial à sa créance. Le bailleur pourra, si le locataire quitte les lieux loués avant le complet payement des loyers encore dus et sans fournir une caution suffisante, réaliser le gage affecté à sa créance.

La réalisation de ce gage s'effectue par saisie et vente publique.

Néanmoins, le privilège du bailleur ne pourra s'exercer sur les meubles, effets mobiliers, ustensilles et objets nécessaires à la nourriture, au coucher et au travail du locataire et des membres de sa famille.

Les Loyers payés d'avance.

ARTICLE 12. — Les locataires dont les loyers d'avance ont été utilisés conformément à l'article 25 de la loi du 9 mars 1948 ne sont pas tenus de les reconstituer.

Le Droit pour le Propriétaire de reprendre son Immeuble.

ARTICLE 13. — Le droit à la prorogation instituée par le paragraphe 2 de l'article 7 n'est pas opposable au propriétaire qui justifiera d'un motif légitime pour occuper par lui-même ou pour faire occuper par ses ascendants ou descendants ou par ceux de son conjoint, à titre d'habitation, un local d'habitation, sauf si le locataire appartient à une des catégories suivantes :

Mutilés ou réformés de guerre ;

Veuves de guerre ;

Ascendants ayant recueilli la veuve ou les enfants de militaires ou de marins morts pour la France ;

Bénéficiaires des lois des 31 mars et 24 juin 1919 ;

Sinistrés dont l'habitation a été détruite ou rendue inhabitable par fait ou accident de guerre ;

Chef de famille ayant au moins trois enfants habitant avec eux ou à leur charge ;

Ou si le locataire est âgé de 70 ans ou atteint d'une maladie ou infirmité grave dûment constatée.

Si le propriétaire lui-même ou ses enfants appartiennent eux-mêmes à une de ces catégories, le droit à une prorogation ne leur est pas opposable.

Le propriétaire ne peut, en conséquence, réclamer un logement objet d'une demande de prorogation nouvelle que si les locataires n'appartiennent pas aux catégories ci-dessus.

La disposition du premier alinéa du présent article n'est pas applicable aux propriétaires de fractions d'immeubles dont les acquisitions, autrement que par succession, n'ont pas date certaine avant le 1ᵉʳ février 1922, ou qui, postérieurement à cette date, auront acquis un appartement provenant d'un fractionnement d'immeuble effectué antérieurement.

Ce paragraphe a été voté pour réprimer, surtout à Paris, les achats d'appartements pour évincer les locataires.

Les Dommages-intérêts dus par les Propriétaires qui n'habiteraient pas les logements réclamés.

ARTICLE 14. — Le propriétaire ayant excipé des dispositions du paragraphe premier de l'article précédent et qui, dans le délai de trois mois à dater du départ du locataire et pendant une durée minima d'une année, n'aura pas occupé l'immeuble, devra au locataire congédié une indemnité qui ne pourra pas être inférieure à deux années de loyer du local précédemment occupé.

Un propriétaire qui aurait obtenu le renvoi d'un locataire payant par exemple un loyer de 500 francs par an et n'habiterait pas lui-même le logement, d'après les dispositions de l'article précité, pourrait s'entendre condamner à 1.000 francs d'indemnité et aux dépens.

Défense de désaffecter les Habitations.

ARTICLE 15. — Aucun local affecté à l'habitation ne pourra être transformé en établissement de spectacles publics ou de danse, ou en local commercial ou industriel, jusqu'au 1ᵉʳ janvier 1925.
Toute infraction à la présente disposition constitue une contravention poursuivie en vertu du paragraphe 15 de l'article 471 du Code pénal. *Le juge de police devra ordonner la réaffectation des lieux en locaux d'habitation* dans le délai qu'il impartira.
Faute d'exécution dans le délai imparti, le propriétaire et l'occupant seront traduits devant le Tribunal correctionnel et passibles d'une amende de deux mille francs à dix mille francs (2.000 fr. à 10.000 fr.). Le Tribunal devra, en outre, ordonner l'exécution, aux frais des parties, des travaux de réaffectation.

Cette interdiction n'aura d'effet que jusqu'au 1ᵉʳ janvier 1925.

Pas d'indemnités à cause des Prorogations nouvelles.

ARTICLE 16. — *Les prorogations accordées par les différentes lois, y compris la présente, ne pourront ouvrir droit à des dommages-*

intérêts au profit soit d'un acquéreur de l'immeuble, soit d'une personne ayant loué à bail dans cet immeuble antérieurement à la promulgation de la présente loi. D'autre part, si la prise de possession d'un local loué à bail dans ces conditions se trouve retardée, le locataire futur qui voudrait résilier la convention devra, en ce cas, déclarer sa volonté de résilier la convention dans les trois mois de la promulgation de la présente loi.

La première partie de ce paragraphe écarte toute demande de dommages-intérêts de la part de personnes lésées par l'octroi d'une nouvelle prorogation. La seconde partie dégage les propriétaires qui, croyant avoir recouvré leur liberté, avaient loué par bail devenu inexécutable par suite de la prorogation obtenue par le locataire occupant les locaux. Le preneur du bail futur a *trois mois* pour manifester sa volonté de garder ou non le bail.

La Reprise du Mobilier et le Denier à Dieu.

Article 17. — Lorsqu'il s'agit de locaux à usage d'habitation, toute exigence du bailleur, de ses agents ou préposés, ou toute convention tendant à imposer au preneur soit sous forme de reprise de mobilier, soit sous forme de remise d'argent supplémentaire, un prix de location qui ne serait pas proportionné à la valeur du local, seront considérées comme illicites et frappées comme telles de nullité. En outre, toutes personnes les ayant frauduleusement exigés seront passibles des peines prévues à l'article 419 du Code pénal, les dispositions des articles 116 et suivants du Code civil restants applicables, s'il y a échet, pour les locaux à usage commercial ou industriel.

L'article 419 du Code pénal précise :... « seront punis d'un emprisonnement d'un mois au moins, d'un an au plus, et d'une amende de 500 à 10.000 francs ».

L'article 116 vise le dol comme cause de la nullité de la convention.

Moyen de demander une nouvelle Prorogation.

Article 18. — A défaut d'accord amiable pour obtenir le bénéfice de la prorogation prévue à l'article 7, le locataire devra, soit par lettre recommandée, soit par acte judiciaire, faire connaître au bailleur la durée et les conditions de la prorogation sollicitée.

Le locataire, d'après ce texte, est tenu de formuler sa demande en indiquant les conditions qu'il propose.

Les Délais pour formuler une Demande de Prorogation.

Cette demande devra être formée trois mois au moins avant l'expiration du bail écrit ou de la prorogation déjà acquise. S'il s'agit d'une location verbale déjà dénoncée par congé, la demande doit être formée dans les trois mois de la promulgation de la présente loi; s'il s'agit d'une location verbale en cours, la demande doit être formée dans les vingt jours de la réception du congé, lequel, à peine de nullité, devra expressément mentionner ce délai.

Supposons :

1º Un locataire ayant reçu son congé pour Saint-Jean ou Saint-Michel, a jusqu'à fin juin pour formuler sa demande ;

2º Un locataire recevant son congé (par acte extra-judiciaire), a 20 jours pour demander une prorogation par acte extra-judiciaire (notification par huissier).

Aucune forclusion ne pourra être invoquée avant l'expiration de délai de trois mois à compter de la promulgation de la présente loi.

Dans les vingt jours de la réception de la demande de prorogation, le bailleur notifiera, en la même forme, au locataire, s'il accepte la proposition ou sur quels points il entend la contester.

Le Recours au Juge de Paix.

Faute de réponse dans le dit délai ou en cas de désaccord, la partie la plus diligente saisira, par lettre recommandée ou déclaration faite au greffe, le juge de paix, quand le prix du loyer en cours ne dépassera pas 1.000 francs et, dans tous les autres cas, le président du Tribunal civil de la situation de l'immeuble, lequel pourra se faire remplacer par un magistrat du siège ou un juge assesseur.

Il est à remarquer que la compétence des juges de paix a été étendue. Ils peuvent désormais statuer sur toutes les questions relatives aux locations ne dépassant pas 1.000 francs par an.

Le juge de paix, le président ou le juge délégué convoquera, par lettre recommandée du greffier, avec avis de réception, *les parties qui, sauf en cas d'excuse jugée valable, comparaîtront en personne et pourront se faire assister ou représenter devant le juge de paix par tous mandataires de leur choix et, pour les affaires res-*

sortissantes du tribunal de première instance, par un avocat régulièrement inscrit ou un avoué exerçant près ce tribunal.

L'Appel en conciliation.

Le juge aura pour mission de concilier les parties. Il devra dresser procès-verbal, soit de la non-conciliation, soit de l'accord intervenu. Dans ce dernier cas, le procès-verbal sera revêtu de la formule exécutoire. Les parties pourront, par une demande signée de chacune d'elles, donner au juge tout pouvoir de trancher leur différend comme arbitre amiable compositeur en dernier ressort, avec dispense de toutes formalités judiciaires et s'engager à tenir sa décision comme règle de leurs accords réciproques.

Le Jugement.

Faute de comparution ou de représentation, ou à défaut de conciliation, l'affaire sera portée par le juge de paix à son audience, ou par le juge conciliateur devant le tribunal qui statuera en chambre du conseil, sur son rapport et sans autre procédure, et dont pourront faire partie les juges assesseurs.

Les parties seront avisées huit jours au moins à l'avance du jour de l'audience par lettres recommandées, expédiées par le greffier ; elles pourront s'y présenter ou s'y faire représenter de la manière et en la forme sus-indiquées.

Le Recours.

La décision du juge de paix ou du tribunal sera rendue en dernier ressort et ne pourra être attaquée que par la voie du recours devant la commission supérieure instituée par la loi du 14 décembre 1920, en se conformant aux règles de l'article 51 de la loi du 9 mars 1918 et de l'article de la loi du 14 décembre 1920.

L'article 51 (loi du 9 mars 1918) précise que la décision pourra être attaquée par voie du recours en cassation pour excès de pouvoir ou violation de la loi.

Les pourvois seront formés au plus tard le quinzième jour à dater de la notification du jugement.

Les Instances en suspens.

Le greffier recevra les émoluments fixés par le tarif général du décret du 29 décembre 1919.

La même procédure sera suivie pour toutes les instances non encore introduites, ainsi que pour le jugement des affaires renvoyées après cassation par arrêt postérieur à la promulgation de la présente loi, relatives à l'application des lois des 9 mars 1918, 4 janvier et 23 octobre 1919, et 4 mai 1920, et le Titre premier de la présente loi concernant les loyers.

Suppression des Commissions arbitrales.

Les Commissions arbitrales sont supprimées, leurs archives seront déposées aux greffes des tribunaux dans le ressort desquels elles fonctionnent. Elles continueront à juger les affaires inscrites au greffe pour conciliation.

En raison de la suppression des Commissions arbitrales, au cas d'accord intervenu entre les parties avant la promulgation de la présente loi, dans la procédure de conciliation prévue par la loi du 9 mars 1918, le procès-verbal de l'accord sera délivré aux parties, sur leur demande, revêtu de la formule exécutoire.

TITRE TROISIÈME

Le Titre III règle les dispositions d'ordre général instituées par la loi.

ARTICLE 19. — Dans les villes placées sous l'empire du décret du 26 mars 1852, l'article 5 de ce décret cessera d'être applicable jusqu'au 31 décembre 1924.

Le Ravalement peut être différé jusqu'en 1924.

Dans celles où, en vertu d'arrêtés ou de règlements municipaux, des réparations de peinture ou de blanchiment des maisons pourraient être ordonnées, celles-ci seront suspendues jusqu'à la même date.

Les réparations aux façades des maisons et aux murs des cours intérieures ne pourront être imposées aux propriétaires que par voie d'arrêtés individuels exclusivement fondés sur la sécurité ou l'hygiène publique.

Sont caducs tous arrêtés antérieurement pris contraires à la présente disposition.

Les Constructions neuves sont exonérées d'impôt foncier.

ARTICLE 20. — L'exemption temporaire d'impôt foncier dont bénéficient, en vertu de l'article 9 de la loi du 8 août 1890, les constructions nouvelles, les reconstructions et les additions de construction, est porté à quinze ans, à compter de l'année qui suivra celle de leur achèvement, pour les constructions nouvelles, reconstructions et additions de construction commencées et non encore terminées, ainsi que pour *celles qui seront entreprises postérieurement à la promulgation de la présente loi, pourvu qu'elles soient achevées avant le 31 décembre 1927.*

Elle est en outre étendue, en ce qui concerne les mêmes immeubles ou portions d'immeubles, à la contribution des portes et fenêtres, ainsi qu'aux taxes spéciales perçues au profit des départements et des communes.

Meubles neufs ne bénéficiant pas de l'exonération d'impôt.

Sont toutefois exclus du bénéfice des dispositions qui précèdent:

1° Les immeubles ou portions d'immeubles affectés à un autre usage que l'habitation;

2° Les immeubles ou portions d'immeubles construits par les sinistrés de la guerre ou leurs ayants droit et ayant donné lieu à l'attribution de l'indemnité prévue par le premier alinéa de l'article 4 de la loi du 17 avril 1919, relative à la réparation des dommages de guerre;

3° Les habitations d'agrément, de plaisance ou servant à la villégiature.

Les immeubles ou portions d'immeubles appelés à bénéficier des immunités fiscales instituées par le présent article qui seraient ultérieurement affectés à un autre usage que l'habitation cesseront d'avoir droit à ces immunités à compter de l'année immédiatement postérieure à celle de leur transformation, sans toutefois pouvoir être soumis à la contribution foncière avant l'expiration du délai d'exemption fixé par l'article 9 de la loi du 8 août 1920.

Les Propriétaires d'immeubles neufs conservent leur liberté.

ARTICLE 21. — Aucune des dispositions provisoirement restrictives du droit de propriété pouvant résulter soit de la présente loi, soit des lois du 9 mars 1918, du 23 octobre 1919 et du 1ᵉʳ mars 1921, n'est applicable aux immeubles construits ou affectés à l'habitation postérieurement à la promulgation de la présente loi.

Un propriétaire d'immeuble neuf n'aura pas de ce fait à craindre des demandes de prorogations et reste libre quant aux conditions de la location, les lois provisoires ne lui étant pas applicables.

Les Modifications aux Immeubles.

ARTICLE 22. — Toute modification des immeubles actuellement existants, quand elle aura pour but de créer de nouveaux locaux d'habitation, ne pourra ouvrir aucun droit à une demande d'indemnité de la part des locataires de la même maison, jusqu'au 1ᵉʳ janvier 1928.

Locataires lésés indemnisés.

Si, cependant, les travaux étaient de telle nature qu'ils rendent inhabitable ce qui est nécessaire au logement du locataire et de sa famille, celui-ci pourra demander la résiliation du bail ou une diminution du loyer.

Nul n'a pu renoncer au bénéfice de la présente loi.

ARTICLE 23. — Toute renonciation au bénéfice de la présente loi et antérieure à sa promulgation, sera réputée non écrite, sauf dans les cas formellement prévus par la présente loi.

Le Champ d'application de la Loi du 31 Mars 1922.

ARTICLE 24. — La présente loi est applicable à l'Algérie.

Des décrets, rendus dans un délai de six mois, édicteront, dans les colonies et pays de protectorat français autres que la Tunisie et le Maroc, les dispositions qui pourront être nécessaires.

Abrogation des dispositions contraires.

ARTICLE 25. — Toutes dispositions contraires à la loi sont abrogées.

Cette nouvelle loi fixe en effet un statut nouveau en abrogeant des dispositions antérieures relatives aux prorogations. Elle en permet de nouvelles, prévoit des augmentations de loyers pour les locataires qui en étaient affranchis et, tout en reversant sur les locataires les accroissements d'impôts et de charges, permet de les laisser, sous certaines réserves, en possession des locaux loués jusqu'au 1er janvier 1925.

www.ingramcontent.com/pod-product-compliance
Ingram Content Group UK Ltd.
Pitfield, Milton Keynes, MK11 3LW, UK
UKHW022344170726
13837UKWH00005BA/2414